Die Deutsche Bibliothek – CIP-Einheitsaufnahme

Wachtmeister, Rosina:
Das Lied von der Liebe / Rosina Wachtmeister.
– Augsburg : Pattloch, 1998
ISBN 3-629-00763-5

Gedruckt auf chlorfrei gebleichtem Papier.

Das Hohelied Salomos wurde zitiert nach der deutschen Übersetzung der Heiligen Schrift von D. Martin Luther, revidierter Text von 1912.

Pattloch Verlag, Augsburg
© 1998 Weltbild Verlag GmbH
Reproduktion: Folitho, NL-Haarlem
Druck und Bindung: Appl, Wemding
Folienprägung: Deuschle, Göppingen
Printed in Germany
ISBN 3-629-00763-5

DAS
LIED
VON
DER
LIEBE
ROSINA WACHTMEISTER
PATTLOCH

ER KÜSSE MICH
MIT DEM KUSSE
SEINES MUNDES,

DENN
DEINE LIEBE
IST LIEBLICHER ALS
WEIN.
ES RIECHEN DEINE
SALBEN KÖSTLICH,
DEIN NAME IST EINE
AUSGESCHÜTTETE SALBE;
DARUM
LIEBEN DICH
DIE JUNGFRAUEN.

ZIEH MICH
DIR NACH,
SO LAUFEN WIR.

ICH BIN
SCHWARZ,
ABER GAR
LIEBLICH,
IHR TÖCHTER
JERUSALEMS;
WIE DIE HÜTTEN KEDARS,
WIE DIE TEPPICHE
SALOMOS.
SEHT MICH NICHT AN, DASS
ICH SO SCHWARZ BIN,
DENN DIE
SONNE
HAT MICH SO
VERBRANNT.

SAGE MIR AN,
DU, DEN MEINE
SEELE LIEBT,
WO DU WEIDEST,
WO DU RUHEST IM
MITTAGE,
DASS ICH NICHT HIN
UND HER GEHEN MÜSSE,
BEI DEN HERDEN
DEINER
GESELLEN.

ICH BIN EINE BLUME
ZU SARON UND EINE
ROSE IM TAL.
SEINE LINKE
LIEGT UNTER MEINEM
HAUPTE, UND SEINE
RECHTE HERZT MICH.
ICH BESCHWÖRE EUCH,
IHR TÖCHTER JERUSALEMS,
BEI DEN REHEN ODER BEI
DEN HINDEN AUF DEM
FELDE,
DASS IHR MEINE
FREUNDIN
NICHT AUFWECKT NOCH
REGT,

BIS ES
IHR
SELBST GEFÄLLT.

STEHE AUF,
MEINE FREUNDIN,
MEINE SCHÖNE,
UND KOMM HER!
DENN SIEHE,
DER WINTER IST
VERGANGEN,

DER
REGEN
IST WEG
UND DAHIN. DIE
BLUMEN SIND
HERVORGEKOMMEN,
DER LENZ IST
HERBEIGEKOMMEN,
UND DIE
TURTELTAUBE
LÄSST
SICH
HÖREN
IN UNSEREM
LANDE.

DES NACHTS
AUF MEINEM
LAGER SUCHE ICH,
DEN MEINE
SEELE LIEBT.
ICH SUCHTE,
ABER ICH
FAND IHN
NICHT.
ICH WILL AUFSTEHEN
UND IN DER STADT
UMGEHEN,

AUF DEN GASSEN
UND STRASSEN,
UND SUCHEN,
DEN MEINE
SEELE LIEBT.

SIEHE, UM DAS BETT
SALOMOS
HER STEHEN
60
STARKE
AUS DEN STARKEN
IN ISRAEL.
SIE HALTEN
ALLE SCHWERTER
UND SIND GESCHICKT
ZU STREITEN.
EIN JEGLICHER
HAT SEIN SCHWERT
AN SEINER HÜFTE.

UM DES
SCHRECKENS
WILLEN, IN DER NACHT.

GEHET HERAUS
UND SCHAUET AN,
IHR TÖCHTER
ZIONS,
DEN
KÖNIG
SALOMO
IN DER KRONE,
DAMIT IHN SEINE MUTTER
GEKRÖNET HAT, AM TAGE
SEINER HOCHZEIT UND AM
TAGE DER FREUDE SEINES
HERZENS.

KOMM MIT MIR,
MEINE BRAUT VOM
LIBANON,
KOMM MIT MIR,
VOM LIBANON.
STEHE AUF NORDWIND
UND KOMM
SÜDWIND,
UND WEHE DURCH
MEINEN GARTEN,
DASS SEINE WÜRZEN
TRIEFEN.
BIS DER TAG KÜHL WIRD
UND DIE SCHATTEN
WEICHEN,
WILL ICH ZUM
MYRRHENBERGE
GEHEN UND ZUM
WEIHRAUCHHÜGEL.

UND DA
ICH MEINEM
FREUND

AUFGETAN HATTE,
WAR ER WEG UND
HINGEGANGEN.
ICH SUCHTE IHN, ABER
ICH FAND IHN NICHT.
ICH RIEF,
ABER ER ANTWORTETE
MIR NICHT.
ICH BESCHWÖRE EUCH,
IHR TÖCHTER
JERUSALEMS,
FINDET IHR MEINEN
FREUND, SO SAGT IHM,
DASS ICH VOR LIEBE
KRANK LIEGE.